U0660647

顾问委员会

主　任：韩启德

委　员：刘嘉麒　周忠和　王志庚　梁　红　刘　丽

编委会

主　任：徐延豪

副主任：张　藜　郭　哲　任福君

委　员：（按姓氏笔画排序）

田如森　吕春朝　吕瑞花　刘　晓　孙玉虎

李玉海　李清霞　杨志宏　杨利伟　辛业芸

张佳静　罗兴波　周大亚　孟令耘　姜玉平

袁　海　高文静　韩家懋　黎润红

致谢

感谢杨利伟老师（梁思礼秘书）、田如森老师（航天科普专家）、梁红老师为本书审稿，并提供资料。

"共和国脊梁"科学家绘本丛书

中国第一代航天人

梁思礼的故事

张藜　任福君　主编

刘阳　绘著

北京出版集团
北京出版社

前 言

回首近代的中国，积贫积弱，战火不断，民生凋敝。今天的中国，繁荣昌盛，国泰民安，欣欣向荣。当我们在享受如今的太平盛世时，不应忘记那些曾为祖国奉献了毕生心血的中国科学家。他们对民族复兴的使命担当、对科技创新的执着追求，标刻了民族精神的时代高度，书写了科学精神的永恒意义。他们爱国报国、敬业奉献、无私无畏、追求真理、不怕失败，为祖国科学事业的繁荣昌盛，默默地、无私地奉献着，是当之无愧的共和国脊梁，应被我们铭记。

孩子是祖国的未来，更是新时代的接班人。今天，我们更应为孩子们多树立优秀榜样，中国科学家就是其中之一。向孩子们讲述中国科学家的故事，弘扬其百折不挠、勇于创新的精神，是我们打造"'共和国脊梁'科学家绘本丛书"的初衷，也是对中国科学家的致敬。

丛书依托于"老科学家学术成长资料采集工程"（以下简称"采集工程"）。这项规模宏大的工程启动于 2010 年，由中国科协联合中组部、教育部、科技部、工信部、财政部、原文化部、中国科学院、中国工程院等 11 个单位实施，目前已采集了 500 多位中国科学家的学术成长资料，积累了一大批实物和研究成昊，被誉为"共和国科技史的活档案"。"采集工程"在社会上产生了广泛影响，但成果受众多为中学生及成人。

为了丰富"采集工程"成果的展现形式，并为年龄更小的孩子们提供优质的精神食粮，"采集工程"学术团队与北京出版集团共同策划了本套丛书。丛书由多位中国科学院院士、科学家家属、科学史研究者、绘本研究者等组成顾问委员会、编委会和审稿专家团队，共同为图书质量把关。丛书主要由"采集工程"学术团队的学者担任文字作者，并由新锐青年插画师绘图。2017 年 9 月启动"'共和国脊梁'科学家绘本丛书"创作工程，精心打磨，倾注了多方人员的大量心血。

丛书通过绘本这种生动有趣的形式，向孩子们展示中国科学家的风采。根据"采集工程"积累的大量资料，如照片、手稿、音视频、研究报告等，我们在尊重科学史实的基础上，用简单易懂的文字、精美的绘画，讲述中国科学家的探索故事。每一本都有其特色，极具原创性。

丛书出版后，获得科学家家属、科学史研究者、绘本研究者等专业人士的高度认可，得到社会各界的高度好评，并获得多个奖项。

丛书选取了不同领域的多位中国科学家。他们是中国科学家的典型代表，对中国现代科学发展贡献巨大，他们的故事应当广泛流传。

"'共和国脊梁'科学家绘本丛书"的出版对"采集工程"而言，是一次大胆而有益的尝试。如何用更好的方式讲述中国科学家故事、弘扬科学家精神，是我们一直在思考的问题。希望孩子们能从书中汲取些许养分，也希望家长、老师们能多向孩子们讲述科学家故事，传递科学家精神。

"'共和国脊梁'科学家绘本丛书"编委会

致 读 者 朋 友

亲爱的读者朋友，很高兴你能翻开这套讲述中国科学家故事的绘本丛书。这些科学家为中国科学事业的繁荣昌盛做出了巨大贡献，是我们所有人的榜样，更是我们人生的指路明灯。

讲述科学家的故事并不容易，尤其是涉及专业词汇，这会使故事读起来有一些难度。在阅读过程中，我们有以下3点建议希望能为你提供帮助：

1.为了让阅读过程更顺畅，我们对一些比较难懂的词汇进行了说明，可以按照注释序号翻至"词汇园地"查看。如果有些词汇仍然不好理解，小朋友可以向大朋友请教。

2.在正文后附有科学家小传和年谱，以帮助你更好地认识每一位科学家，了解其个人经历与科学贡献，还可以把它们当作线索，进一步查找更多相关资料。

3.每本书的封底附有两个二维码。一个二维码是绘本的音频故事，扫码即可收听有声故事；另一个二维码是中国科学家博物馆的链接。中国科学家博物馆是专门以科学家为主题的博物馆，收藏着大量中国科学家的相关资料，希望这些丰富的资料能拓宽你的视野，让你感受到中国科学家的风采。

"……3,2,1，点火！"
导弹①发射了！
但导弹上没有驾驶员，
谁来控制它飞往正确的地方呢？
当然是科学家了！
科学家们克服重重困难，
让导弹乖乖听话，保卫新中国蓬勃发展。
梁思礼正是其中一位。

1924 年，梁思礼出生在一个大家庭，

他是梁启超②最小的孩子。

梁思礼很多美好的童年回忆都发生在父亲的书房里。

5 岁那年，父亲去世了。

虽然与父亲相处时间不长，

但梁思礼从父亲那里继承了影响他一生的宝贵财富——爱国思想。

自小就很懂事用功的梁思礼，

学习成绩在班上总是名列前茅。

1937 年，抗日战争全面爆发。
侵华日军攻进天津后，
梁思礼求学的南开中学被炸毁。
看着心爱的学校被炸成废墟，
同学们都很悲愤。
从那时起，梁思礼就立下了"工业救国"的目标。

"要像父亲那样，做个对国家有贡献的人。"
梁思礼常常这样告诉自己。

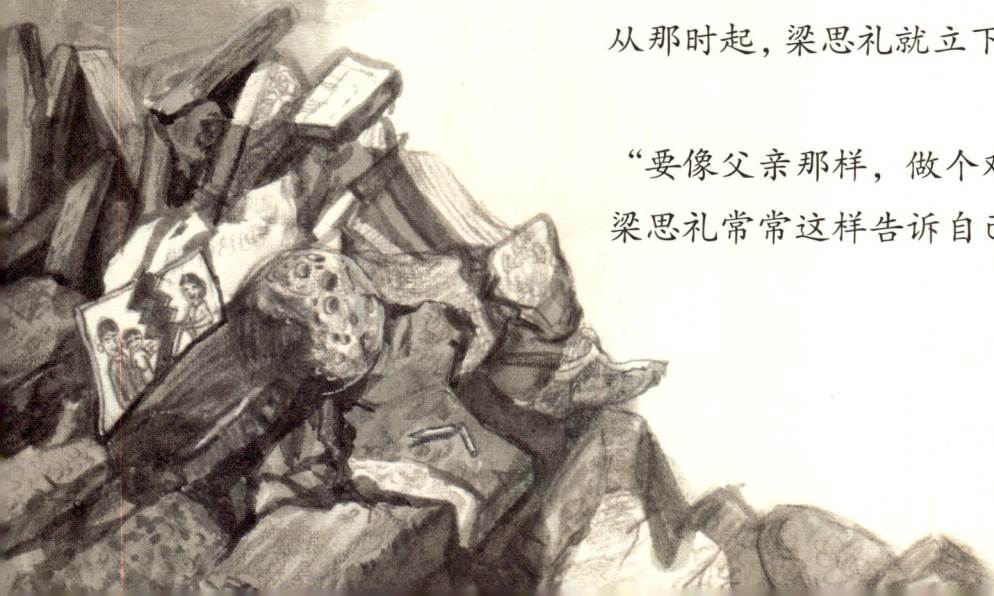

长大后的梁思礼，
漂洋过海，来到了美国。
在美国留学的 8 年里，
梁思礼先后学习了电机工程③和自动控制④。

这类专业对大多数人来说十分枯燥，
梁思礼却学得很起劲，
他常常在居住的小阁楼里看书、学习到很晚。
由于各方面成绩优秀，
他还获得了好几个"金钥匙"荣誉。

由于生活艰难，
梁思礼要勤工俭学才能养活自己。

他在风景如画的银湖湾当救生员

他在餐厅当服务员练习英语

他在罐头厂打工获得"免费"的冷冻豌豆

1949 年，获得博士学位后，
梁思礼成为第一批拿到回国船票的留学生，
他还鼓励其他留学生回国，共同建设祖国。

终于登上了"克利夫兰总统号"啦！

梁思礼跑到船尾，爬到桅杆上挂起天线，接上了收音机。

浪花拍打着船身，年轻的留学生们热烈地交谈。

途中，当轮船横渡太平洋时，

他们从收音机中听到了一则重要消息：中华人民共和国成立了！

当听到国旗是五星红旗时，
他们找来一块白床单用红药水染红，
制作了一面"五星红旗"，表达对新中国的祝福。

1956 年，梁思礼响应国家的号召成为中国第一代航天人。

这年，梁思礼 32 岁，他终于放飞了"工业救国"的理想。

为了让新中国变得强大，不受欺负，

他和同事们开始了一项神秘的国防事业。

国防部第五研究院

研制导弹就是他们迈出的第一步，
但包括梁思礼在内，几乎所有人都没见过导弹。
结构不明、原理不清、图纸不全、零件不齐……
他们面临着各种困难。
大家挤在破旧的厂房里，
不分昼夜地钻研……

与别的科学家一样，
梁思礼也断绝了和外界的一切联系。
在很长一段时间里，
连家人都不知道他在哪里、在做什么，
他就好像忽然消失了一样。
虽然也很思念家人，
但梁思礼把思念压在了心底，
更加努力地工作。

梁思礼和同事们负责导弹的控制系统⑤，
它就像导弹的大脑一样，非常关键。
为了弄清楚控制系统的原理，
大家不停地查资料、画图纸、做演算……
慢慢地，控制系统在梁思礼的眼里终于不再神秘。

经过大家的共同努力，
第一枚仿制导弹"东风1号"在1960年发射成功。
实现了仿制，大家对接下来的自行设计充满了信心。

但不久之后，一场突如其来的失败却给大家带来了沉重的打击。

那是第一枚由我国自行设计、生产的导弹"东风2号"，

发射后没多久，它就不停地摇晃起来。

升空69秒后，导弹"轰"的一声坠落在地。

"东风2号"凝聚了大家太多的心血，

梁思礼和同事们擦干眼泪，顶着寒风，四处寻找导弹的残骸。

后来，梁思礼和同事们分析发射数据，
查阅了大量资料，
终于弄清楚了失败的原因。
"东风2号"的失败，
让大家更加认识到造导弹是个系统工程，
需要很多环节相互配合，
要从整体上来把握设计思路。

经过两年的努力，

1964年，改进后的"东风2号"终于发射成功。

望着它在火焰簇拥下稳稳升起，

大家高兴极了。

但中国航天人并没有停下来。

为了更好地保卫祖国，他们马不停蹄地

朝着射程更远、威力更强、速度更快的导弹——

洲际导弹⑥奋斗。

洲际导弹对控制系统提出了更高的要求，
梁思礼和同事们需要解决的问题更难了。
每一个细节都至关重要，
一颗掉落的小钢珠也不能放过。

为了让导弹更准确地扑向目标，

梁思礼和同事们进行了大胆的尝试。

在接下来的多年时间里，

他们始终在不停地完善——

改进惯性制导系统⑦，

采用弹载计算机做测试，

设计应用专业化大规模集成电路计算机……

直到 1980 年，
"东风 5 号"从中国大地腾空而起，
在天空中划出一道长长的弧线。
大约半小时后，
一个亮点钻出云层，
亮点越来越大，
准确地落入了太平洋的预定海域。
这种制导精度，
相当于击中了千米之外的一个乒乓球。
碧海上泛起的翠绿色波光成了梁思礼
心中永远的美景。
中国也因此成为世界上第三个能发射
洲际导弹的国家。

洲际导弹仪器舱成功掉落至预定海域

潜水员准备打捞仪器舱

潜水员成功打捞仪器舱

中国航天人以"东风"系列导弹为基础，
又陆续衍生出了"长征"系列运载火箭⑧家族。
靠着它们，
人造地球卫星⑨、"神舟"宇宙飞船⑩、"嫦娥"月球探测器⑪，
都陆续被顺利地送往了茫茫宇宙，
为我们的生活带来各种便利，
帮助我们揭开更多宇宙的奥秘。

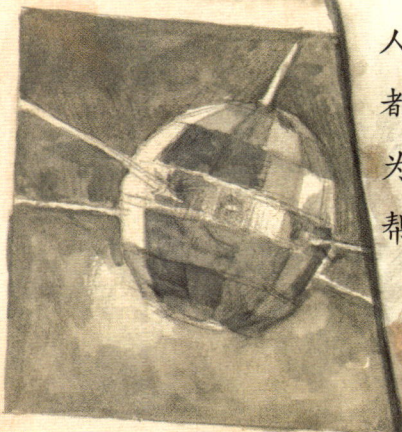

1970年4月24日，中国第一颗人造地球卫星
"东方红1号"发射成功

1960年11月5日，中国第一枚国产导弹
"东风1号"发射成功

1990年7月16日，"长征2号"
捆绑运载火箭发射成功

2008年9月27日，"神舟7号"载人宇宙飞船
航天员完成中国历史上第一次太空行走

2019年1月3日，"嫦娥4号"月球探测器
实现人类历史上首次月球背面着陆

1999年11月20日，中国第一艘试验
宇宙飞船"神舟1号"发射成功

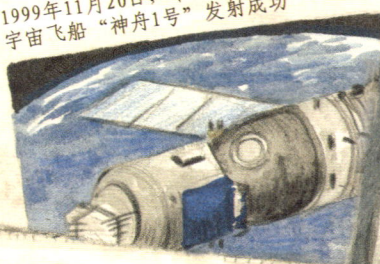

科学家预估，北斗卫星导航系统
在2020年前后实现全球服务

梁思礼大力推广航天CAD/CAM ⑫技术，被人们誉为航天可靠性工程学的开创者
软件工程化 ⑬的倡导者

"人生不是一支短短的蜡烛，而是我们手中暂时拿着的火炬。我们应该让它燃烧得更加光辉灿烂，然后把它交给下一代。"

萧伯纳语

梁思礼

梁思礼曾说，作为中国第一代航天人，
能参与中国航天事业从无到有、从弱到强的发展历程，
他感到无比自豪。
梁思礼从父亲那里继承了爱国的火种，
又将它传递到新一代航天人的手中，
点亮了一个又一个航天梦。

梁思礼小传

　　1924年，梁思礼出生在一个大家庭里，他的父亲梁启超是中国近代思想家、政治家、教育家、史学家和文学家。在那个千疮百孔、凋零不堪的时代，梁启超奋笔疾书、奔走呼号，为了民族强盛和国家繁荣而奋斗。"中华民族"一词最先由梁启超提出，他写下的《少年中国说》，也最先感染了自己的子女。

　　梁家满门俊秀，梁启超的9个子女分别在文学、建筑学、考古学、图书管理学、经济学、航天科学等领域成为佼佼者。他们都对祖国有着一颗坚定的赤子之心，梁家的家风也成为人们津津乐道的家风典范。

　　即便不提梁启超之子的身份，梁思礼的人生也有太多可以讲述的故事。

　　青少年时期，梁思礼在天津南开中学接受了德智体美全面发展的教育，在目睹学校被炸毁后，他立下了"工业救国"的目标。转学至天津耀华中学后，梁思礼更加认真、刻苦地学习。17岁时，梁思礼远渡重洋前往美国嘉尔顿学院留学。不久，太平洋战争爆发，梁思礼与国内亲人失去了联系，靠勤工俭学来养活自己。

　　为了实现"工业救国"的目标，梁思礼又转学至美国普渡大学，学习电机工程。他刻苦努力，用2年的时间就修完了3年的课程。随后，他又在美国辛辛那提大学获得了自动控制专业的硕士和博士学位。即便学业繁重，生活又很拮据，梁思礼依然积极参加爱国学生组织，动员留学生回国建设祖国，并以身作则带头回国。

很多年后，每当梁思礼回忆起与母亲重逢的那一幕，依然热泪盈眶："码头上，白发苍苍的老母亲颤抖着，含着热泪，用双手迎接我。我知道祖国母亲也在张开双臂，等着我。"年轻的梁思礼以极大的热情投入到祖国的建设中，他先后参加了国际广播电台、"越南之声"广播电台的建设。1956年，梁思礼参与编写国务院主持的《1956—1967年科学技术发展远景规划纲要》，并加入国防部第五研究院工作，从此与导弹结下了不解之缘，成为我国第一代航天人。

作为我国导弹、火箭控制系统的奠基人之一，梁思礼和同事们见证了"东风1号"导弹白手起家的艰辛，也经历了"东风2号"导弹的涅槃重生。"东风2号"导弹发射前，梁思礼的第三个孩子即将出生，他和妻子约定，如果是男孩起名梁凯，是女孩则叫梁旋，他做好了"凯旋"的充分准备，但是这枚导弹发射失败了。即便如此，梁思礼依然为女儿保留了"梁旋"的名字，因为他相信努力总会迎来成功。1964年，"东风2号"导弹终于发射成功。1966年，梁思礼参加了导弹核武器即"两弹结合"的研制及飞行试验，试验取得圆满成功。

在研制洲际导弹"东风5号"和"长征"系列运载火箭控制系统时，梁思礼解决了使用弹载计算机集成电路的很多问题，大大提高了导弹的制导精度。1980年，"东风5号"刺破苍穹的那一刻，象征着中国的远程导弹技术实现了又一次飞跃，也使中国航天人变得更加成熟。

在航天领域的深厚积累，加上梁思礼对新鲜事物极强的敏感性，使他不局限于控制系统领域，他经常考虑很多与航天事业发展有关的全局性问题，提出了许多重大建议，他大力推广航天CAD/CAM技术，被人们誉为航天可靠性工程学的开创者和软件工程化的倡导者。

梁思礼一直都特别乐观、豁达，他喜欢听音乐、摄影、下象棋，打网球、游泳等运动也一直坚持到晚年。愿小朋友们能传承梁思礼的爱国思想，用科学的方法处理问题，用艺术的眼光欣赏生活，用强健的体魄建设我们的祖国。

梁思礼年谱

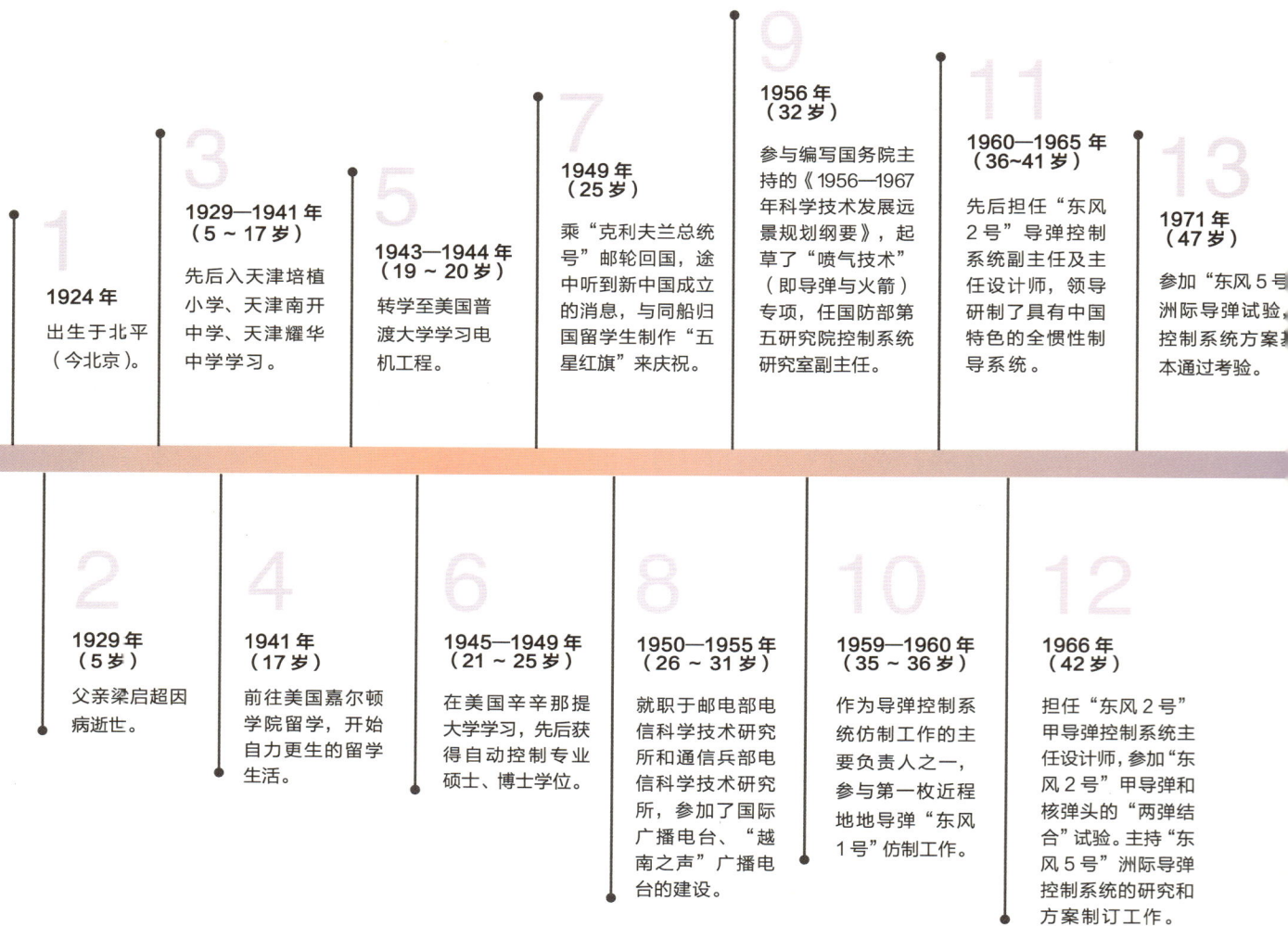

1

1924 年

出生于北平（今北京）。

3

1929—1941 年（5～17 岁）

先后入天津培植小学、天津南开中学、天津耀华中学学习。

5

1943—1944 年（19～20 岁）

转学至美国普渡大学学习电机工程。

7

1949 年（25 岁）

乘"克利夫兰总统号"邮轮回国，途中听到新中国成立的消息，与同船归国留学生制作"五星红旗"来庆祝。

9

1956 年（32 岁）

参与编写国务院主持的《1956—1967年科学技术发展远景规划纲要》，起草了"喷气技术"（即导弹与火箭）专项，任国防部第五研究院控制系统研究室副主任。

11

1960—1965 年（36～41 岁）

先后担任"东风2号"导弹控制系统副主任及主任设计师，领导研制了具有中国特色的全惯性制导系统。

13

1971 年（47 岁）

参加"东风5号"洲际导弹试验，控制系统方案基本通过考验。

2

1929 年（5 岁）

父亲梁启超因病逝世。

4

1941 年（17 岁）

前往美国嘉尔顿学院留学，开始自力更生的留学生活。

6

1945—1949 年（21～25 岁）

在美国辛辛那提大学学习，先后获得自动控制专业硕士、博士学位。

8

1950—1955 年（26～31 岁）

就职于邮电部电信科学技术研究所和通信兵部电信科学技术研究所，参加了国际广播电台、"越南之声"广播电台的建设。

10

1959—1960 年（35～36 岁）

作为导弹控制系统仿制工作的主要负责人之一，参与第一枚近程地地导弹"东风1号"仿制工作。

12

1966 年（42 岁）

担任"东风2号"甲导弹控制系统主任设计师，参加"东风2号"甲导弹和核弹头的"两弹结合"试验。主持"东风5号"洲际导弹控制系统的研究和方案制订工作。

小朋友，本书中隐藏了 13 颗星球，你能把它们都找出来吗？

| 太阳 | 灶神星 | 月球 | 天王星 | 木星 | 金星 | 土星 |

1976—1978 年
（52 ~ 54 岁）

兼任"长征 3 号"运载火箭控制系统技术负责人，在确定"长征 3 号"控制系统方案中发挥了重要作用。

1980 年
（56 岁）

担任"东风 5 号"洲际导弹控制系统主任设计师。"东风 5 号"洲际导弹向太平洋预定海域全程飞行试验取得圆满成功。

1983 年
（59 岁）

担任航天部总工程师，在航天系统推广CAD/CAM技术。

1987 年
（63 岁）

以"卫星、导弹通用计算机自动测量控制系统项目"获国家科学技术进步奖二等奖。当选为国际宇航科学院院士。

1993 年
（69 岁）

当选为中国科学院院士。

2006 年
（82 岁）

开始在全国范围内开展"当代中国国情与青年历史责任"授课活动。

1978 年
（54 岁）

主持研制远程导弹和"长征 2 号"运载火箭的工作，并多次参与飞行试验。

1981 年
（57 岁）

作为通用测试设备（即 CAMAC系统）总设计师，负责计算机自动化测试系统的研制工作。

1985 年
（61 岁）

以"液体地地战略武器及运载火箭"项目，获国家科学技术进步奖特等奖。

1988 年
（64 岁）

作为国防科工委组织的"核武器与空间裁军研究组"的成员，开始进行核战略导弹和外空武器裁军的研究工作。

1996 年
（72 岁）

获何梁何利基金科学与技术进步奖。

2016 年
（91 岁）

因病在北京逝世。

海王星

冥王星

火星

水星

泰坦星

地球

词 汇 园 地

① **导弹**：依靠自身动力装置能高速飞行，并依靠控制系统制导的武器，能使弹头击中预定目标。种类很多，可以从地面、舰艇或飞机上发射，攻击地面、海上或空中的目标。

② **梁启超**：1873—1929 年，中国近代思想家、政治家、教育家、史学家、文学家，是一位百科全书式人物。

③ **电机工程**：现称电气工程，研究电工技术和电子技术并将其应用于物质生产和社会生活的工程技术。

④ **自动控制**：通过自动化装置控制机器，使其按照预定的程序工作。

⑤ **控制系统**：相当于导弹的"大脑"，能保证导弹稳定飞行和准确命中目标。

⑥ **洲际导弹**：指射程在 8000 千米以上的导弹，可从一个大洲攻击另一个大洲的目标。

⑦ **惯性制导系统**：指一种不依赖于外部信息也不向外部辐射能量的自主式导航系统，相当于导弹的"方向盘"。

⑧ **火箭**：利用发动机反冲力推进的飞行器，用来运载人造地球卫星、宇宙飞船等。

⑨ **人造地球卫星**：用火箭发射到天空，按一定轨道绕地球运行的人造天体。

⑩ **宇宙飞船**：从地球上发射出去，能在宇宙空间航行的飞行器。我国现有的宇宙飞船为"神舟"系列。

⑪ **"嫦娥"月球探测器**：2004 年，中国正式开展月球探测工程，并命名为"嫦娥工程"，一系列对月球进行探测的无人航天器被命名为"嫦娥"月球探测器。

⑫ **航天 CAD/CAM**：计算机辅助设计与计算机辅助制造。利用计算机运行速度高、图形处理效率高、存储记忆能力强等特点，可以大大降低人工出错的概率。

⑬ **软件工程化**：对软件的全生产周期通盘考虑，使软件的开发、研制和管理行为规范化，把个人的经验、知识固化，建立一个可重复创造优秀软件产品的最优开发环境。

参考资料：

1. 石磊，梁红，杨利伟．苍穹大业赤子心：梁思礼传．北京：中国科学技术出版社，2017.

2. 梁思礼口述，吴荔明、梁忆冰整理．一个火箭设计师的故事：梁思礼院士自述．北京：清华大学出版社，2006.

3. 梁思礼．向太空的长征．北京：中国宇航出版社，2003.

图书在版编目（CIP）数据

中国第一代航天人：梁思礼的故事 / 张藜，任福君
主编 ；刘阳绘著. — 北京 ：北京出版社，2023.3
（"共和国脊梁"科学家绘本丛书）
ISBN 978-7-200-15432-0

Ⅰ. ①中… Ⅱ. ①张… ②任… ③刘… Ⅲ. ①梁思礼
（1924-2016）—传记—少儿读物 Ⅳ. ①K826.16-49

中国版本图书馆CIP数据核字(2020)第010492号

选题策划　李清霞　袁　海
项目负责　刘　迁
责任编辑　李文珂
装帧设计　张　薇　耿　雯
责任印制　刘文豪
封面设计　黄明科
宣传营销　郑　龙　王　岩　安天训　孙一博
　　　　　郭　慧　马婷婷　胡　俊

"共和国脊梁"科学家绘本丛书
中国第一代航天人
梁思礼的故事
ZHONGGUO DI-YI DAI HANGTIANREN

张　藜　任福君　主编
刘　阳　绘著

出　　　版：北京出版集团
　　　　　　北 京 出 版 社
地　　　址：北京北三环中路6号
邮　　　编：100120
网　　　址：www.bph.com.cn
总 发 行：北京出版集团
经　　　销：新华书店
印　　　刷：北京博海升彩色印刷有限公司
版 印 次：2023年3月第1版　2024年3月第4次印刷
成品尺寸：215毫米×280毫米
印　　　张：2.75
字　　　数：30千字
书　　　号：ISBN 978-7-200-15432-0
定　　　价：25.00元

如有印装质量问题，由本社负责调换
质量监督电话：010-58572393
责任编辑电话：010-58572417
团 购 热 线：17701385675
　　　　　　　18610320208

声明：为了较为真实地展现科学家生活的时代特征，部分页面有繁体字，特此说明。